AIとともに生きる未来 1

知ろう AIというプログラム

山田誠二・監修

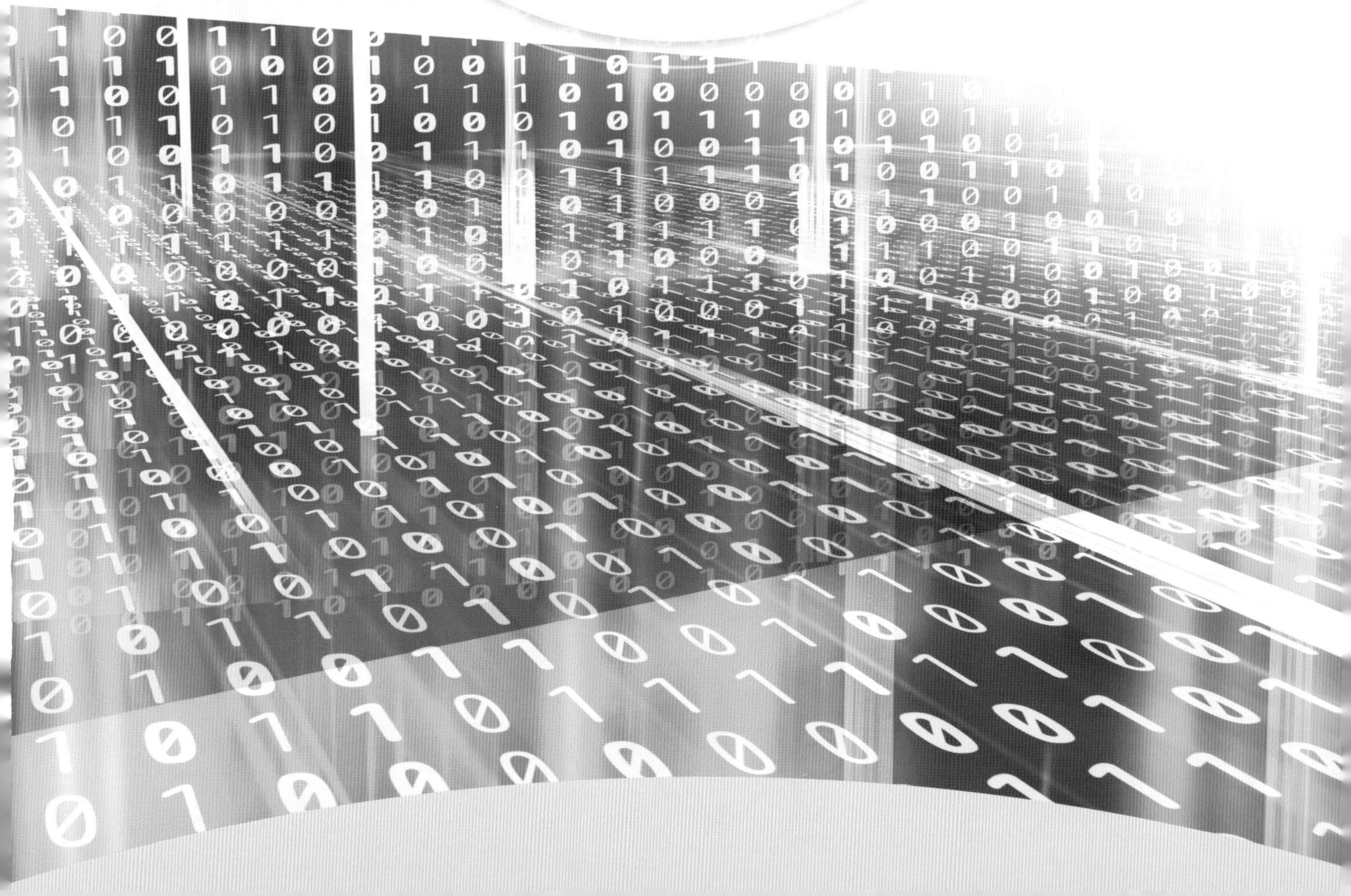

はじめに

AI《エーアイ》とは、人間みたいな賢《かしこ》いコンピューターのプログラムのこと

ここ数年ほどAI《エーアイ》（人工知能《ちのう》）は、第３次ブームを迎《むか》えており、テレビのニュースやネット、新聞などの報道で、「AI」という言葉をよく耳にすると思います。AIとは何か、を正しく説明するのはとても難《むずか》しいのですが、簡単《かんたん》にいうと、AIとは、「人間みたいな賢《かしこ》い（コンピューター）プログラム」のことです。

みなさんも、これからは、授業やスマートフォンアプリなどを使って、（コンピューター）プログラムを書く機会が増えていくと思います。このプログラムとは、コンピューターにやらせたい命令を順番に書いたものです。そう、AIは、「人間みたいな賢いことをコンピューターにやってもらう」ためにコンピューターに入力する、たくさんの命令の集まりなのです。

今急速にみなさんの学校やお家に、AIが入ってきています。お部屋を上手に掃《そう》除《じ》してくれる「お掃除ロボット」や、声で呼《よ》びかけることで目覚ましをセットしたり、天気予報や今日の運勢《うんせい》などのいろいろな情報《じょうほう》を教えてくれたりするスマートスピーカーなどのことを聞いたり、実《じっ》際《さい》に使ったりしたことがあるでしょう。実は、そのようなロボットやスピーカーには、AIが組みこまれているのです。そして、これからの未来では、AIを頭《ず》脳《のう》としてもった鉄腕《てつわん》アトムやドラえもんのようなロボットが作られて、みんなのお家でも１台ずつ使われているかもしれません。

こんな、人間とAIが一緒《いっしょ》に暮《く》らすような近い未来を考えると、今からAIについて興味《きょうみ》をもち、AIのことを勉強し、

正しく理解《りかい》することは、誰《だれ》にも必要なことだといえるでしょう。この本は、みなさんが AI について知りたい、勉強したいときに、手に取ってすらすら読めて、楽しく理解できるように書かれています。

このシリーズの全 4 巻《かん》を読破《どくは》すれば、AI についての豊《ゆた》かな知識《ちしき》が得《え》られ、まさに「AI 博士《はかせ》」になれると思います。そして、もし本書をよく読んで、AI をよりよく理解して、AI に興味をもったら、さらに詳《くわ》しい AI の本にチャレンジしてみてください。それから、本書は、みなさんのお姉さん、お兄さん、そしてお父さん、お母さんが読んでも、読《よ》み応《ごた》えのある内容になっているので、ぜひみんなにも薦《すす》めてください。

この本に触《ふ》れたことをきっかけにして、みなさんの将来《しょうらい》、つまり AI とうまくつきあっていく近未来を想像してみてください。そして、みなさんの中から、将来の AI 研究者や AI エンジニアになる人がたくさん出てくることをとても楽しみにしています。AI が将来人類のために役に立つものになるのかどうかは、みなさんにかかっているのです。

国立情報学研究所 教授
総合研究大学院大学 教授
山田 誠二

巻頭《かんとう》コラム

「いまあるAI《エーアイ》は、まだ本当のAIじゃない」って、どういうこと？

身の回りには、AI《エーアイ》(人工知能《ちのう》)がいっぱい

自分で動かさなくても、スイッチを入れるだけで勝手に家の中を掃除《そうじ》してくれる「お掃除ロボット」や、話しかけるだけで天気予報《よほう》を教えてくれたり、好きな音楽を再生《さいせい》してくれたりする「スマートスピーカー（AI《エーアイ》スピーカー）」などが、最近はとても人気です。

また、自動車でも、最近では「自動運転」といわれるさまざまな機能《きのう》をもったものが登場してきています。障害物《しょうがいぶつ》を見つけると、運転者がブレーキをかけるなどの操作《そうさ》をしなくても自動でブレーキがかかったり、前を走る自動車のスピードに応《おう》じて加速したり減速《げんそく》したりして、ぶつからないように走ってくれたりします。

このようなお掃除ロボットやスマートスピーカー、そして自動車には、AI（人工知能）が搭載《とうさい》されているのです。

そのほか、「AIを搭載した炊飯器《すいはんき》」「AIを搭載した電子レンジ」など、わたしたちの身の回りには、たくさんの“AIを使った道具”があります。

最近では、テレビのニュースや新聞などでもAIに関する情報《じょうほう》を目にすることが多いので、「AIってすごいな！」と驚《おどろ》いている人も多いことでしょう。

全部AI《エーアイ》だけど、どれも“ホンモノ”とはいえない!?

さて、AI《エーアイ》（人工知能《ちのう》）とは、いったいなんなのでしょう。

詳《くわ》しくは、第1章で説明していますが、簡単《かんたん》にいえば「人間と同じような知能をもった仕組み」のことです。

自動で掃除《そうじ》をしてくれる「お掃除ロボット」も、話しかけると答えてくれる「スマートスピーカー」も、そして自動でブレーキをかけたりする自動車も、AIという仕組みを使っているのですが、“人間と同じような知能をもったAIを搭載《とうさい》しているなら、宿題の答えを教えてくれたり、友だちのようにおしゃべりしてくれたりするのかな”と思うかもしれません。しかし、ここで取り上げたお掃除ロボットやスマートスピーカーには、そんなことはできません（スマートスピーカーなら、ちょっとした算数の問題などは答えてくれる

照明
つけて
明日の天気
テレビ
つけて
エアコン
消して
鍵《かぎ》かけて

かもしれませんが)。
“なんだ、それじゃ、人間と同じように知能があるとはいえないじゃないか”と思うことでしょう。
そうなんです。今、これだけAIが使われているとはいっても、実は「人間と同じような知能をもった」AIは、まだ実用化されてはいないのです。
いったいどういうことなんだろうと、思ったことでしょう。
その答えは、この第1巻《かん》を読み進めてもらえばわかるのですが、ひとつヒントを出しましょう。
それは、「AIにもいろいろな種類がある」ということに関係しています。
ある決められたことだけを人間よりも速く正確《せいかく》にやり遂《と》げられるAIと、範囲《はんい》を決めずに、人間と同じようになんでもできるAIに分けることができます。
人間と同じようになんでもできるAIを「汎用《はんよう》AI」といいます。これに対して、特定のことしかできないAIを「特化型AI」といいます。
AIを研究・開発している人たちの中には、最終的にホンモノのAIである「汎用AI」をつくることを目指している人もいますが、これはまだできていないのです。しかし、ある決まった範囲のことについて、人間のように、あるいは人間以上にやり遂げることのできる「特化型AI」はいろいろな分野で開発が進んでいて、実際《じっさい》に使われているものがたくさんあります。
なんだか、わかったような、わからないような、という感じでしょうか。
大丈夫《だいじょうぶ》です。この第1巻を読み終わる頃《ころ》には、きっと理解《りかい》できていることでしょう。

第1章

A《エー》I《アイ》（人工知《ち》能《のう》）とは何か

1 AI《エーアイ》(人工知能《ちのう》)の定義

AI《エーアイ》(人工知能《ちのう》)とは何か

AI《エーアイ》とは、Artificial Intelligence の頭文字《かしらもじ》をとったものです。Artificial というのは、日本語に訳《やく》すと「人工的な」となります。Intelligence は「知能《ちのう》」という意味なので、Artificial Intelligence は、文字通り「人工知能」となります。その名前の通り、人工的に、人間と同じように、考えたり、判断《はんだん》したりすることできる“知能”のことです。

人間は脳《のう》の働きによって、いろいろなことを考えることができます。AI では、人間の脳の代わりにコンピューターを使います。

ですから AI とは、「人間のように考えたり、判断したりすることのできるコンピューターの仕組み（プログラム）」のことだと考えるとよいでしょう。

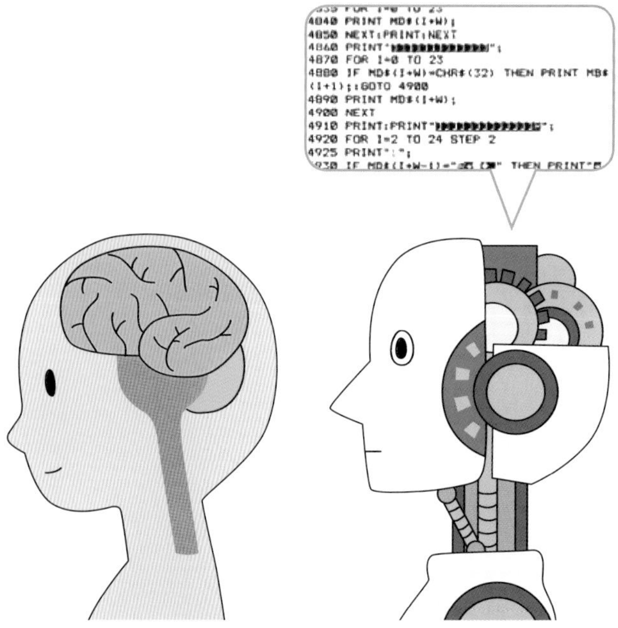

人間の脳《のう》　　AI の脳《のう》

AI《エーアイ》の分類

AI《エーアイ》が、“人間のように、いろいろなことを考えることのできるコンピューターの仕組み”であることは、誰《だれ》もが認《みと》めるところです。

しかし、「いろいろなことを考えることができる」とはどういうことを指すのかによって、AI の定義《ていぎ》がさまざまに分かれます。

1 汎用《はんよう》 AI《エーアイ》 と特化型 AI

簡単《かんたん》にいえば、「汎用《はんよう》 AI《エーアイ》」とは、どんなことでも、人間と同じように考えることができる AI です。つまり、みんながイメージする AI だといえます。

これに対して、「特化型 AI」というものがあります。これは、ある特定の分野のことに関しては、人間と同じように、あるいは人間以上に深く考えることができるけれど、その特定の分野以外のことは何も考えられない、という AI です。

多くの人が、AI と聞くと、なんでもできちゃう、なんでも知っているものをイメージすると思います。たとえば、鉄腕《てつわん》アトムのようなロボットは、AI によって、人間と同じように物事を考えて、喜んだり、悲しんだりします。アトムが搭載《とうさい》している AI が、多くの人が考える AI だと思います。これが、「汎用 AI」です。しかし現実《げんじつ》には、まだアトムは完成していません。

これに対して特化型 AI は、アトムが搭載しているようなAIとは違《ちが》うもの……といわれても、ピンとこないかもしれません。しかし、現代においては、特化型AIの方が実はとても身近で、役立つものなのです。

今、たくさんのAI家電が売られています。エアコンや掃除機《そうじき》、冷蔵庫《れいぞうこ》や電子レンジなどにAIを搭載して、いろいろなことができるようになっています。

たとえば、AI搭載のエアコンの中には、人間がリモコンをどう操作《そうさ》したかを覚えていて、その人がどんな室内温度や湿度《しつど》を快適《かいてき》に感じるのかを"学習"し、自動的にその人が快適だと感じる室温・湿度に調整してくれたりします。こうしたAIは、室温や湿度を測《そく》定《てい》して、快適な状態《じょうたい》になるまで調節をする、という特定の機能《きのう》だけを備《そな》えたAIなので、特化型AIということになります。

このような特化型AIの中には、特定分野に限《かぎ》れば人間の知能を超《こ》えるほど優秀《ゆうしゅう》なAIもあるのです。みなさんは、AlphaGo（アルファ碁《ご》）というAIを知っていますか？ これは、囲碁をやるためだけに開発されたAIです。まさに"囲碁"に特化した特化型AIです。囲碁は、盤上《ばんじょう》に石を置くパターンがあまりに多すぎて、AIがプロ棋士《きし》に勝てるようになるのは"まだ先のこと"といわれていました。しかし、AlphaGo（アルファ碁）は、2015年10月に、ついにプロ棋士を打ち負かしました。

2 強いAI《エーアイ》と弱いAI

汎用《はんよう》か特化型か、という分け方のほかにもうひとつ、「強い」か「弱い」かで分けられることもあります。

ここでいう「強い」「弱い」は、より人間らしいか（心や意思をもっているか、あるいは心や意思があるように振《ふ》る舞《ま》える）、そうでないか（心や意思がなく、心があるようには振る舞えない）、という区分です。

より人間に近いAI《エーアイ》は"強いAI"であり、まるで人間らしくなく、ただの機械だと見えてしまうようなAIは"弱いAI"だということになります。

アトムが搭載しているAIは間違《まちが》いなく強いAIです。ほぼ人間と同じように物事を考え、泣いたり笑ったり、怒《おこ》ったりしますから。

これに対して、囲碁《いご》で人間を打ち負かすほど強いけれど、実はAlphaGo（アルファ碁）は、とても弱いAIということになります。囲碁の手を考えることについては圧倒的《あっとうてき》に強いですが、言葉も理解《りかい》できず、囲碁の手を考えること以外は何もできませんから。別の例でいうと、お掃除《そうじ》ロボットは、掃除以外のことは何もできないので、弱いAIだといえます。これに比《くら》べると、感情《かんじょう》を認識《にんしき》する人型ロボットであるPepper（ペッパー）は、腕《うで》を動かしたり、移動《いどう》したり、会話をしたりできるので、強いAIだということができます。

AIの研究が最終的に目指しているのは、「強いAI」です。そのための研究に取り組む研究者もたくさんいます。しかし、今のところ、考え方としての「強いAI・弱いAI」という区別はあっても、本当に「強いAI」と呼《よ》べるものはまだできていません。

AI《エーアイ》（人工知能《ちのう》）の4レベル

東京大学の松尾豊教授《まつおゆたかきょうじゅ》は、AI《エーアイ》をレベル１からレベル４までの４段階《だんかい》に分類して説明しています。

それぞれのレベルが、どんなAIなのかを見ていきましょう。

1 レベル1のAI《エーアイ》

“単純《たんじゅん》な制御《せいぎょ》プログラムを「人工知能《ちのう》」と呼《よ》んでいる”ものがレベル１のAI《エーアイ》です。

機械装置《そうち》などを、ある目的に合わせて自動で動かす機能や、その機能を実現《じつげん》するためのプログラムが、制御プログラムです。

温度変化に応じて作動するエアコンや、洗たく物の重さによって洗たく時間を変える洗たく機などは、制御プログラムで実現できるのです。

2 レベル2のAI《エーアイ》

基本的《きほんてき》な仕組みはレベル１のような単純《たんじゅん》な制御《せいぎょ》プログラムです。

しかし、その単純な制御プログラムをいくつも組み合わせることによって、人間が見た時に、とても複雑《ふくざつ》だと感じるようなことができます。

たとえば、部屋の様子をいろいろなセンサーで感知して、部屋の中をすみずみまで掃《そう》除《じ》できる「お掃除ロボット」に使われているのも、レベル２のAI《エーアイ》です。

レベル１の人工知能《ちのう》に比《くら》べて、よりAIらしいといえます。

3 レベル3のAI《エーアイ》

レベル１や２で使われている制御《せいぎょ》プログラムのようなものは、なんらかのデータが入ってきた時に、プログラムに沿《そ》って計算をして、一定のデータ（答え）を出す、というものです。入ってくるデータを入力といい、答えを出すことを出力といいます。

レベル３のAI《エーアイ》は、もっと高度な仕組みを活用します。その高度な仕組みのひとつに、機械学習というものがあります。これは、ある程度《ていど》のデータと、そのデータについて何かの判断《はんだん》をするためのヒントを与《あた》えると、AI自身が、自分で判断ルールを決めて、そのルールに沿って、新しいデータの入力に対して出力ができる（答え〔判断結果〕が出せる）というものです。

自分でルールを決めて判断できるので、レベル１やレベル２のAIよりも、賢《かしこ》いAIだといえます。

4 レベル4のAI《エーアイ》

機械学習がもっと複雑《ふくざつ》になった“ディープラーニング”という能力《のうりょく》を備《そな》えたAI《エーアイ》がレベル４です。

レベル３の機械学習では、あらかじめ大量のデータと、ルールを作るためのヒントを教える必要がありました。

しかし、ディープラーニングでは、「ルールを考え出すためのヒント」すら、教える必要がありません。大量のデータを読《よ》みこんでいく中で、どこにルールを考えるためのヒントがあるのかさえも、AI自身が見つけ出してしまい、その後は、そのルールで物事を判《はん》断《だん》するようになります。

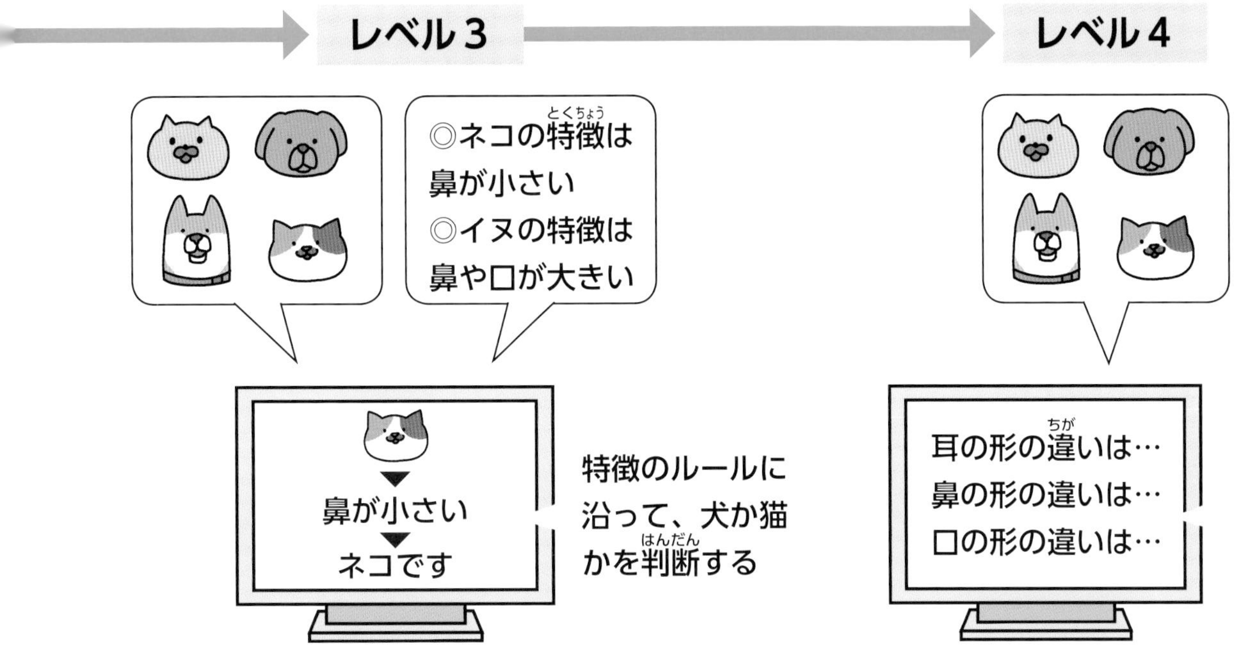

2 ホンモノのAI《エーアイ》はまだできていないということ

理想と現実《げんじつ》のギャップ

これだけ「AI《エーアイ》」があちらこちらで取り上げられているのに、まだホンモノの AI ができていない、といわれてもピンとこないかもしれません。

しかし現実《げんじつ》問題として、ホンモノ（つまり、定義《ていぎ》に当てはまる完全な AI）は、まだ開発されていないのです。

ホンモノの AI とは、最初に定義を見たように、人間と同じように考えたり、物事を判《はん》断《だん》したりできるコンピューターのプログラムです。

マンガに出てくるアトムや、SF《エスエフ》映画《えいが》に登場するロボットのように、人間と会話をし、何かを学んだら、それを応用《おうよう》して新しい考え方を生み出せるような AI こそが、ホンモノの AI です。そう考えると、まだまだ、そんな AI は開発されていないのです。

でもそれは、わたしたちが理想とする完全無欠の AI ができていないというだけです。わたしたちの暮《く》らしを支《ささ》えてくれる AI や、ある特定の分野において、人間よりも優《すぐ》れた能《のう》力《りょく》をもった AI はすでに存在《そんざい》しています。そして、より高度な AI を開発するための研究も、世界中で進められていますので、やがてはホンモノの AI が登場するかもしれません。

世界中で進められている AI《エーアイ》開発

AI《エーアイ》の開発は、世界中で進められています。各国の公的な研究機関や大学、一般《いっぱん》企業《きぎょう》などが、独自《どくじ》に研究開発を進めているのです。

実は、AIの研究自体は、決して最近のことではなく、現在《げんざい》は第３次のブームといわれています。ということは、第１次と第２次があったということです。しかし、第１次と第２次のブームの時には、今回の第３次ほどには盛《も》り上《あ》がりませんでした。なぜなら、わたしたちが日常《にちじょう》で使えるような、AIを活用した製品《せいひん》などがほとんど開発されなかったからだといわれています。

しかし、現在の第３次ブームでは、実用化されたAI製品がたくさん、わたしたちの身の回りに登場し、またAIを使ったさまざまなサービスなどが利用されています。AIを具体的に活用する場面が増《ふ》えたことで、人々の興味《きょうみ》・関心も高まり、技術的《ぎじゅつてき》にももっともっと進化しているのです。

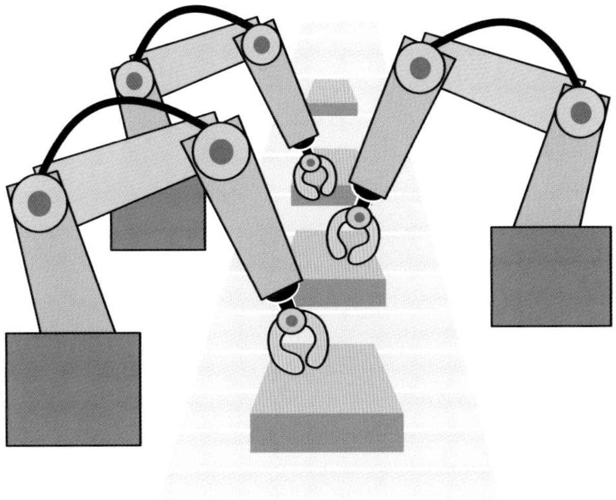

利用目的によって専門《せんもん》分野が異《こと》なる

AI《エーアイ》は、どのように利用するのかによって、強化すべき機能《きのう》が異《こと》なってきます。主なものを挙げておきましょう。

1 文章を理解《りかい》する

「自然言語処理《しょり》」といわれる分野です。簡単《かんたん》にいうと、言葉の意味をAI《エーアイ》なりに読み取って、翻訳《ほんやく》をしたり、長い文章の要点だけをまとめて短い文章にしたりといった作業をAI《エーアイ》にやってもらおうというものです。

2 話し言葉を理解《りかい》する

「音声認識《にんしき》」などといわれます。人が話したことを正確《せいかく》に聞き取って、場合によっては、読み取った内容《ないよう》に応《おう》じて、何かの動作をします。自然言語処理《しょり》に関連する機能《きのう》です。まずは話し言葉を正確に文章化し、その文章の意味をAI《エーアイ》なりに読《よ》み解《と》くのです。

3 見えるものを理解《りかい》する

「画像認識《がぞうにんしき》」といわれます。写真を見て、人間の顔と犬の顔を区別したり、その写真に写っているのが、リンゴなのかイチゴなのかを正確《せいかく》に判断《はんだん》したりする機能《きのう》です。

人間にとっては、リンゴとイチゴを見分けることは簡単《かんたん》ですが、コンピューターにとっては難《むずか》しいことだったのです。機械学習やディープラーニングという方法によって、かなり正確に見分けられるようになりました。

4 自ら考える

「推論《すいろん》」ともいわれます。たくさんの過去《かこ》のデータなどを読《よ》みこんで学習し、新しい条件《じょうけん》が与《あた》えられると、それについて解答《かいとう》を見つけるという機能《きのう》です。将棋《しょうぎ》や囲碁《いご》などの対戦ゲームなどは、こうした推論機能によって、対戦相手の一手に基《もと》づいて、次のどんな一手を打つべきか、自分で考えるのです。

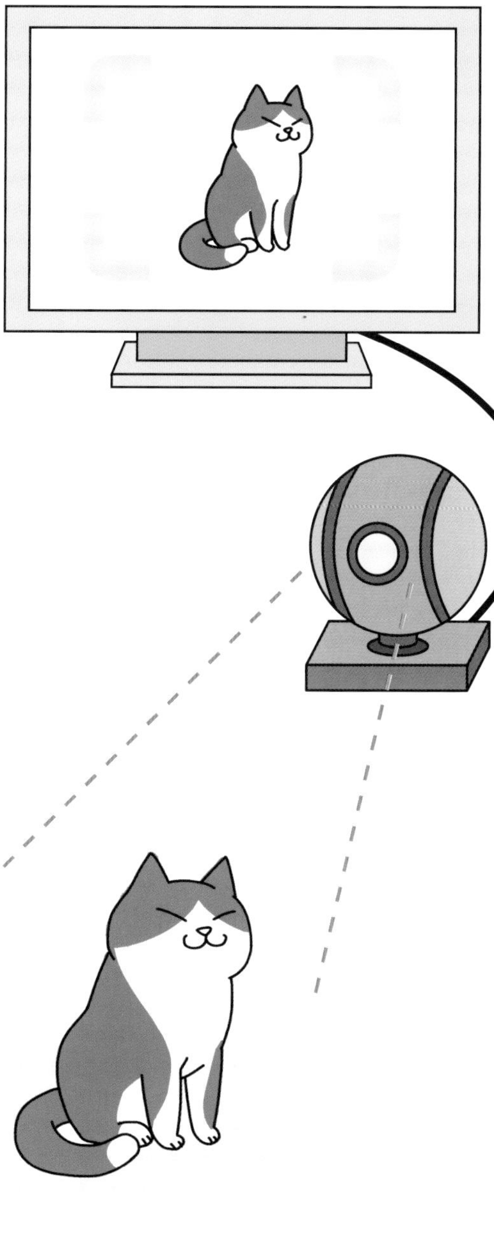

3 AI《エー アイ》ができる（得意な）こと・できない（不得意な）こと

予測可能《よそくかのう》なことは得意だが、予測できないことは苦手

AI《エーアイ》は予測可能《よそくかのう》なことは得意です。一定のルールがあって、ルール違反《いはん》が起こり得ないような場合であれば、上手に処理《しょり》することができます。

一定のルールがあって、ルール違反が起こらない場合というのは、たとえばゲームです。

チェスや囲碁《いご》、将棋《しょうぎ》といったゲームは、ルールが決まっていて、自分の駒《こま》や相手の駒は、決められた範囲内《はんいない》でしか動きません。しかも、こちらが一手打つ間に、相手が二手も三手も打つなどということもありません。一手ずつ交代でやるのがルールです。

このように、一定のルールが決められていて、自分も相手も、そのルールからはずれることはしない、ということが明らかで、かつ駒の動きも決まっているなら、“相手が、次にどこにどんな手を打つか”を予測することは、AIにとっては難《むずか》しいことではありません。

これに対して、この先何が起こるか誰《だれ》にもわからない状況《じょうきょう》で、その先（未来）を予測できないという場合には、AIはうまく対応《たいおう》できません。

たとえば、「自動車を運転して、北海道《ほっかいどう》から九州《きゅうしゅう》まで行く間に、子どもが飛び出しをしないルートを探《さが》せ」という問題を与《あた》えても、AIは正確《せいかく》には答えられないでしょう。どんなに細かい道路地図をデータとして読《よ》みこんでも、“どこから子どもが飛び出してくるか”なんて、予測のしようがないからです。

たくさんの情報《じょうほう》から答えを選ぶのは得意

AI《エーアイ》は、大量の情報《じょうほう》（データ）の中から、与《あた》えられた問題に対して、もっとも正しいと思われる答えを見つけることが得意です。

近年では、インターネットによって、世界中にいろいろな情報（データ）が散らばっているので、そうした散らばっている情報（データ）の中から、答えを得るために必要な情報を選び取ることも、AIの得意技《とくいわざ》のひとつだといえます。

アメリカでは、IBM《アイビーエム》という企業《きぎょう》が開発したAI「ワトソン」がテレビのクイズ番組で人間のチャンピオンを破《やぶ》ったことがあります。

あるクイズ問題に対して、人間が正解《せいかい》できるのは「知っているかどうか」が重要です。知らないことには答えようがありません（なぞなぞのようなクイズの場合は考えて答えを出しますが）。

AI「ワトソン」は、クイズの問題文から、答えを得るためのキーワードが何かを判断《はんだん》し、それについてインターネット上の大量の情報（特に「ウィキペディア」と呼ばれる大きな辞書のようなもの）の中から、もっとも正しいと思われる答えを、人間より早く出したのです。

そもそも問題を解《と》くためのキーワードを判断できること自体がとてもすごいことですが、インターネット上にある大量の情報の中から、求める答えをすばやく発見することは、まさにAIの得意分野だといえます。

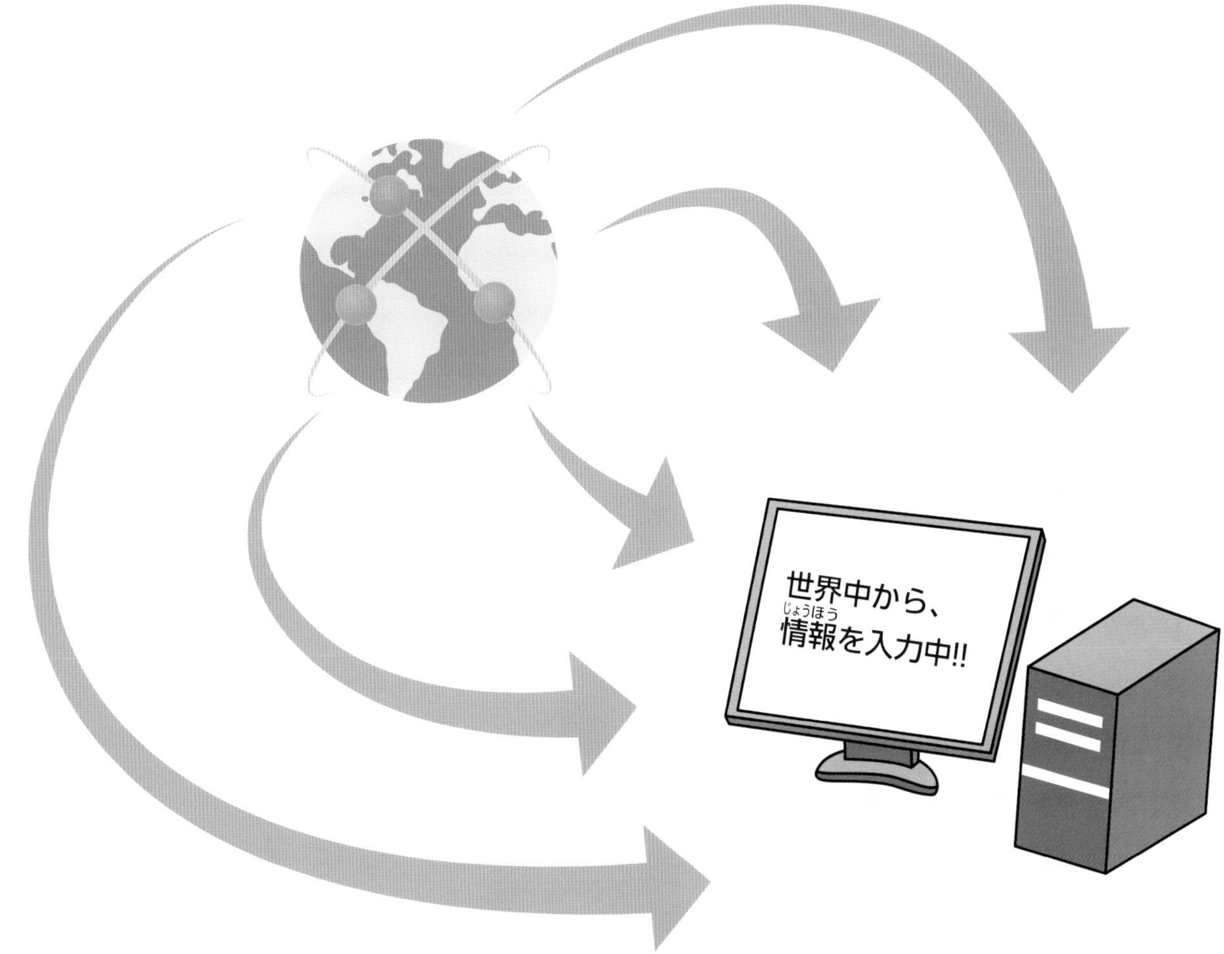

人間にとっての常識《じょうしき》を理解《りかい》することは苦手

AI《エーアイ》は、コンピューターのプログラムですから、入力された情報《じょうほう》を処理《しょり》することは得意です。しかし、入力されていない情報は処理できません。

たとえば、ある生物の名前を入力した時に、その生物が飛べるかどうかを判断《はんだん》するAIを作るとしましょう。

その時、AIに入力する情報は、次のものです。

- 昼間は明るく、夜は暗い
- 物を投げると最後は下に落ちる
- 電車は線路の上を走る
- 飛行機は人を乗せて空を飛ぶ
- 親は子どもより年上だ
- 人は2本足で歩く
- 先生は勉強を教えてくれる
- ペンギンは鳥類である
- 鳥類は飛べる

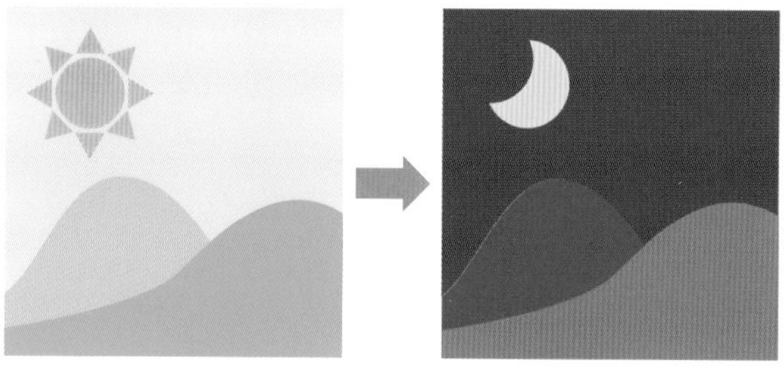

これらの情報をAIに入力した上で、「ペンギンは飛べるか」という問題をAIに出すと、「飛べる」という答えを出力します。

そのように情報を入力されているのですから、AIがそう答えてもしかたのないことです。しかし、人間ならば、ペンギンを見た時に、鳥類がどうかはわからなくても、“あんな羽根では飛べないだろう”と想像《そうぞう》がつきます。

ですから、人間に「ペンギンは飛べるか」と聞けば、「飛べない」と答えます。「そんなのジョーシキじゃん！」となります。

しかし、AIには常識《じょうしき》はありません。あくまでも入力された情報だけを頼《たよ》りに、何かを処理するしかないのです。

つまり、AIには、常識に基《もと》づいて何かを判断《はんだん》することができないのです。

常識《じょうしき》をすべてAI《エーアイ》に教えることは無理

わたしたち人間には、詳《くわ》しい法則《ほうそく》や理論《りろん》は知らないけれど常識《じょうしき》として知っていることがたくさんあります。「上から物を落とせば、下に落ちる」ということも、常識です。中学生になると重力を習いますから、理論的にもわかるようになりますが、重力を知らなくても、物が落ちることはわかっています。そのほか、「人間は二本足で歩く」、「イチゴは甘《あま》い」などなど。

しかし、このような常識も、AI《エーアイ》は教えてあげないとわかりません。そのため、常識に基《もと》づいて、何かを判断《はんだん》することはできないのです。

つまり、常識で何かを判断することは、AIは苦手なのです。

それなら、常識をすべて教えればいい、と

思うかもしれません。確《たし》かにそうです。必要な常識を、情報《じょうほう》として AI に入力すればいいのですが、あまりにも常識がたくさんありすぎて、それをすべて AI に教えることは無理なのです。

知識としての常識もそうですし、人間ならやってよいこととやってはいけないことも、経験的《けいけんてき》に身に付けているので、そうした振《ふ》る舞《ま》いについても、常識として備《そな》わっています。たとえば、友だちみんなでサッカーをやることになったのに、自分だけ野球のバットを持ち出してサッカーボールを打ったりはしません。しかし、そんな当たり前のことも、AI には教えてあげないといけないのです。

人間にとっては当たり前の常識も、AI にとっては当たり前ではない、ということは AI について考える上で、とても大切なことなのです。

コラム

チューリング・テスト

AI《エーアイ》を見《み》抜《ぬ》けるかどうかの実験

1950 年に、アラン・チューリングという研究者が、あるコンピュータープログラムが知的であるといえる性能《せいのう》をもっているかどうかを判定《はんてい》するためのテストを開発しました（この時まだ AI《エーアイ》 という言葉はなく、「機械の知性《ちせい》」というような言葉が使われていました)。このテストは、開発者であるアラン・チューリングの名前をとって「チューリング・テスト」と呼《よ》ばれ、次のような方法で行われます。

見えないように壁《かべ》でしきられた所に、テストするコンピューター（AI のようなプログラムが組みこまれています）1 台（X）と、1 人の人間（Y）が入ります。

そして、壁の反対側には、もう 1 人の人間（Z さん）がいます。

ここから実験がスタートします。

Z さんは、コンピューターを使って、壁の向こうの X と Y さんに質問《しつもん》を投げかけます。この時、Z さんは、X と Y のどっちが人間で、どっちが AI なのかを知りません。

Z さん「好きな食べ物はなんですか？」

X　「オムレツです。」

Z さん「好きな動物はなんですか？」

Y「ライオンです。」

コンピューターを使った会話なので、声の感じで人間かどうかを判断《はんだん》することはできません。Z さんは、会話の内容《ないよう》だけで、どちらがプログラムで、どちらが人間なのかを判断するのです。

もし、Z さんが、プログラムか人間かを判断できなければ、知的だと判断されます。見分けがつかないほど、人間らしいコンピュータープログラムだということになります。

コンピュータープログラムが、人間と見分けがつかないほど人間らしく会話できる性能かどうかを判断するテストとして、その後も、多くの研究者によって、いろいろと形を変えながら実施《じっし》されています。しかし、残念ながら、テストをパスする AI《エーアイ》 はまだ作られていません。

壁《かべ》で仕切られている状態《じょうたい》で、コンピューターを使って会話し、その相手が人間か、AI《エーアイ》かを判定《はんてい》する。

第2章

AI《エーアイ》（人工知能《ちのう》）発展《はってん》の歴史

1 第1次ブーム時代のAI《エーアイ》

AI《エーアイ》の始まりは1956年

AI《エーアイ》（Artificial Intelligence= 人工知能）という言葉が、世界で最初に使われたのは、1956年のことです。アメリカのダートマス大学で計算機（現在《げんざい》でいうコンピューター）を研究する科学者であったジョン・マッカーシーが中心となって開かれたダートマス会議という会議の場で、この言葉が使用されたのでした。“人間のように考えることのできる機械”という意味でAIを使ったといわれます。

そして、これをきっかけとして、AIの研究が本格的《ほんかくてき》なものとなっていきました。

ジョン・マッカーシー
はじめてAI（人工知能《ちのう》）という言葉を使った

この頃《ころ》は、コンピューターの能力《のうりょく》がとても高まった時期でもあり、今後ますますコンピューターが高度になっていけば、いつかはコンピューターが人間以上に物事を考えたりできるようになるに違《ちが》いないと、当時の科学者たちは考えたようです。

そして1960年代は、多くの科学者たちが、AIを研究するようになりました。これが、第1次AIブームといわれる時期にあたります。

第1次AI《エーアイ》ブーム時のAIの考え方

第1次AI《エーアイ》ブームの時に、主に研究されたのは、「推論《すいろん》」と「探索《たんさく》」というものです。

「推論」というのは、すでにわかっている事《こと》柄《がら》をいくつもつなぎ合わせて、まだわかっていないことを予想する考え方です。

A=Bで、B=Cなら、A=Cが成立する、というのが推論です。

「探索」というのは、目標とするゴールにたどり着くための手順を何段階《なんだんかい》かに分けて、それぞれの段階ごとに用意されている選択肢《せんたくし》の中から、より良いものを選んで、なんとかゴールにたどり着こうという考え方です。

たとえば、学校から家に帰るまでにどの道を通れば、一番早く家に着くか、という問題に対して、まずは、学校を出た最初の分かれ道を右に行くか、左に行くか、さらに右に行くと、その先に十字路があるので、そこをどちらに進むべきかという、分かれ道ごとに進むべき方向を探《さが》すのが「探索」です。

「推論・探索」については、第3章でもう少し詳《くわ》しく説明します。

第1次AI《エーアイ》ブームの終わり

推論《すいろん》や探索《たんさく》という考え方は、今でも使われています。ある目的に対してはとても有効《ゆうこう》です。はじめてAI《エーアイ》という言葉を使った科学者たちが夢《ゆめ》見た“人間を超《こ》える能力《のうりょく》をもったAI”も、推論や探索を使えば、実現《じつげん》できるだろうと、考えられていました。

しかし、推論や探索は、どんな問題でも解《かい》決《けつ》できるわけではありませんでした。

推論や探索が得意なのは、ゲームやパズルなどの正解を出すことです。わたしたち人間が、本当に困《こま》っていることについて、答えを出す、つまり解決するようなことはできませんでした。

たとえば、オセロや将棋では、ルールはきちんと守られるという前提《ぜんてい》で「勝つためにどんな手を打つか」を考えればいいのです。けれども、わたしたちの日常《にちじょう》生活で問題になることは、決められたルールに基《もと》づいたものばかりではありません。ルールに反した出来事もしばしば起こります。人が青信号で横断《おうだん》歩道を渡《わた》っている時は、クルマは突《つ》っこんでこないというのがルールです。しかし、信号を見落として突っこんでくるクルマがあると事《じ》故《こ》になります。その事故をなくすにはどうすればいいか、という問題を解決したい時に、推論や探索という方法では答えを出せなかったのです。

そのため、この時代のAIは、「トイ・プロブレム（おもちゃの問題）」しか解《と》けない、といわれるようになり、第1次AIブームは終わりを告げたのです。

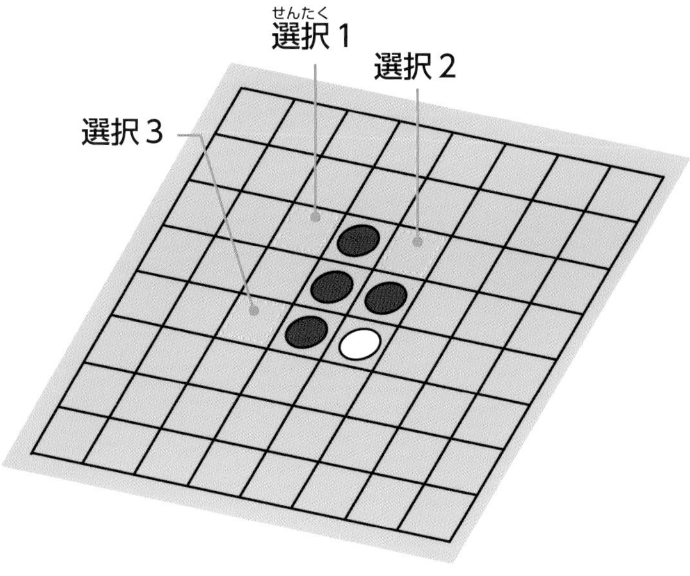

オセロゲームでは、次の一手はルールによって選べる範囲《はんい》が決まっている。次に白が選べるのは上の3カ所だけ。

AIが得意

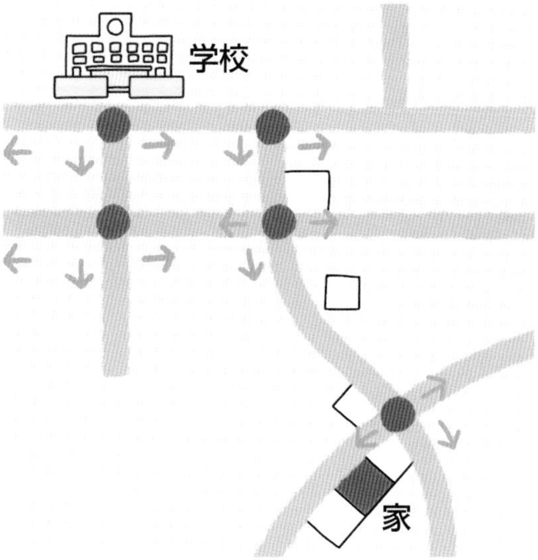

学校から家までの道順は分かれ道を選ぶことで決まる

AIで解決《かいけつ》できる

2 第2次ブーム時代のAI《エーアイ》

第2次ブームの始まりは1980年代

1956年のダートマス会議で、はじめて「AI《エーアイ》」という言葉が使われてから、第1次のAIブームが始まりましたが、「トイ・プロブレム」しか解《と》けないといわれて、ブームは下火になりました。

その後約10年間は、AIが社会的に注目されることはあまりありませんでした。

ところが、1980年代の中頃《ごろ》あたりから、第2次AIブームが訪《おとず》れました。きっかけは、大きなコンピューター製造《せいぞう》会社が販売《はんばい》し始めたメインフレームという大型コンピューターでした。アメリカはもちろん、日本のコンピューター製造会社もメインフレームを販売していました。

メインフレームは大型なので、大量の情報《じょうほう》を高速で処理《しょり》することができます。そこで、このメインフレームを使った「エキスパートシステム」というものを、メインフレームと一緒《いっしょ》に販売するようになったのです。

この「エキスパートシステム」こそが、第2次AIブームの主役です。

専門家《せんもんか》のもっている知識《ちしき》などをAI《エーアイ》に取り入れる

「エキスパート」とは、専門家《せんもんか》を意味する英語です。ですから、エキスパートシステムとは、“専門家のもつ知識《ちしき》などを使ったAI《エーアイ》”ということになります。

専門家はさまざまです。医療《いりょう》の専門家である医師《いし》、法律《ほうりつ》の専門家である弁護士《べんごし》や、税金《ぜいきん》の専門家である税理士などのほか、たとえば経営《けいえい》の専門家や、金融《きんゆう》の専門家といった専門家もいます。

エキスパートシステムは、こうした専門家の専門知識や専門的な判断《はんだん》をする時の基準《きじゅん》などをAIにインプットして、いつでも誰《だれ》でも、必要な時に専門家の知識や判断基準などに基《もと》

づいて、専門家でない人たちの仕事に役立てようとしたのです。

ただし、エキスパートシステムは、ひとつのAIにあらゆる専門知識を盛《も》りこむのではなく、多くの場合、医療なら医療だけの、法律なら法律だけのエキスパートシステムとして作られました。

しかし、こうしたエキスパートシステムも、いくつかの問題点があり、思ったほどには役に立ちませんでした。その問題点のひとつが、前章でも説明した“AIは、常識《じょうしき》を理解《りかい》できない”というものです。

たとえば、医療に関するエキスパートシステムで、医師の知識として「体温が37度を超《こ》えたら、病気です」ということを診断《しんだん》のルールにしたとします。風邪《かぜ》などの病気の場合、体温が37度を超えることが多くありますが、熱い風呂《ふろ》につかった直後も体温は上がります。風呂あがりに体温が上がって、37度を超えたとしても、人間なら「オフロに入ったからだよ」とわかりますが、AIにはそんな常識はありませんから、「あなたは病気です」と診断してしまいます。

このようなことが原因《げんいん》となって、エキスパートシステムは十分な効果《こうか》を発揮《はっき》できず、やがて第2次AIブームも終わりを告げたのです。

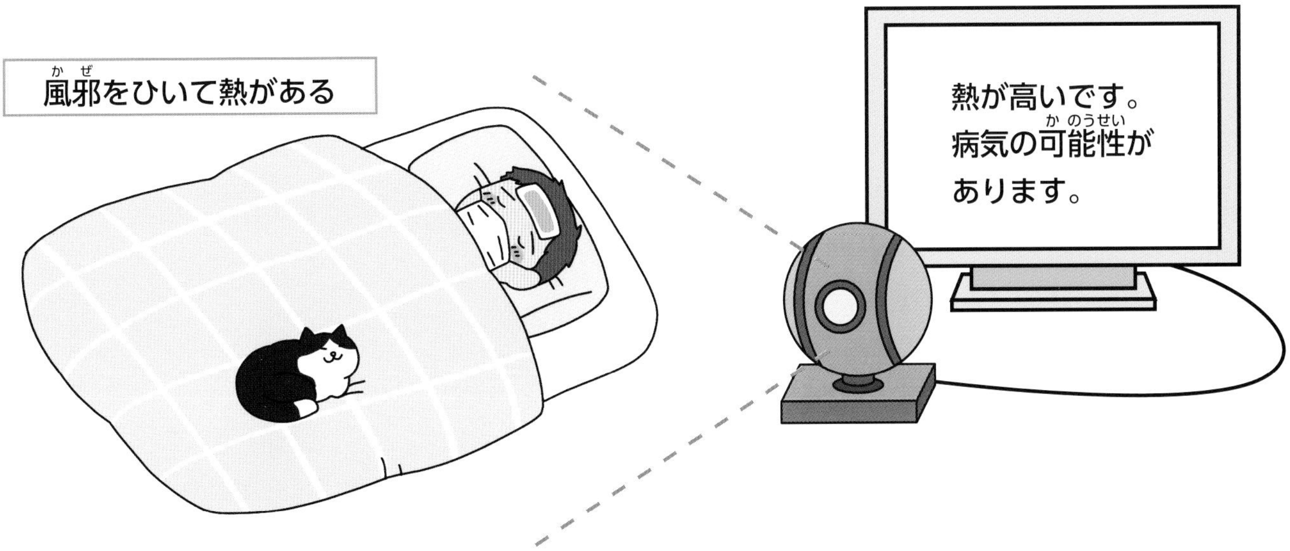

3 第3次ブーム時代のAI《エー アイ》

インターネットの広がりが、AI《エー アイ》研究を進化させた

第３次AI《エーアイ》ブームは、いま現在《げんざい》続いています。第３次AIブームの始まりは、2010年代に入ってからだといわれますが、今回のブームでは「機械学習」「ディープラーニング」に対する注目度がとても高まっています。

「機械学習」「ディープラーニング」については、このあと説明しますが、まず覚えておいてほしいことは、どちらも、“大量のデータ”を利用する仕組みであるということです。

逆《ぎゃく》にいえば、大量のデータが用意できないと、正しい結果を出せる可能性《かのうせい》が低くなってしまうのです。

そのため、「機械学習」「ディープラーニング」を上手に使うためには、大量のデータが必要なのですが、それを提供《ていきょう》してくれるのがインターネットです。もちろん、大量のデータを用意する方法はインターネットだけということではありませんが、もっとも使いやすいのがインターネットなのです。

インターネットとは、世界中のコンピューターをつなぐネットワークのことで、1990年代に広がり始めました。いまでは、わたしたちの生活に欠かせないものになっています。

このインターネットを活用することで、「機械学習」「ディープラーニング」に必要な大量のデータを、以前に比《くら》べて簡単《かんたん》に用意できるようになったのです。

また、インターネットの広がりとあわせて、コンピューターの性能《せいのう》がレベルアップしたことや、インターネットに接続《せつぞく》するための通信回線がより高速になったことなど、AIを研究する上での便利さが高まったことなどが、第３次のブームにつながりました。

幅広《はばひろ》く実用化が進めば、ブームも続く

第１次は1960年代の約10年間程度《ていど》、第２次は1980年代の約10年間程度、そして、いまの第３次が、2010年からのブームだとすると、2020年頃までにはブームは終わるだろうと考える人もいるようです。しかし、いまだにニュースなどで取り上げられることも多く、まだまだブームは続きそうです。

あるいは、インターネットがいつの間にか“わたしたちの暮《く》らしに欠かせない当たり前の仕組み”になったのと同様に、今後は、ブームではなく、“AI《エーアイ》が当たり前”になっていくのかもしれません。

さて、第３次のブームは、過去《かこ》の２回のブームと大きく違《ちが》う点がひとつあります。それは、“実用化が進んでいる”ことです。

AIを搭載《とうさい》した家電がたくさんある、という話をしました。実際《じっさい》にAIが利用され、わたしたちの生活を便利にしてくれています。

企業《きぎょう》などが仕事を効率的《こうりつてき》に進めるための仕組みとして、AIの活用が進んでいます。

このように実際に活用できる場面が増《ふ》えたことで、“もっと活用しよう”と考える人や企業がさらに増え、第３次 AI ブームは過去２回のブームの時よりも長く続くのではないかといわれています。

これまでのAI《エー アイ》と、第3次ブームとの違《ち が》い

第３次 AI《エーアイ》 ブームで主役となっているのは、機械学習・ディープラーニングです。

第１次 AI ブームでは「推論《すいろん》・探索《たんさく》」が使われました。そして第２次 AI ブームの時は「エキスパートシステム」が主役でした。そして今回が機械学習・ディープラーニングです。

「推論・探索」「エキスパートシステム」と、「機械学習」「ディープラーニング」の大きな違《ちが》いはなんでしょうか。

それは、“問題を解《と》くためのルールを、あらかじめ人間が決めてあげるのか、ルールそのものを AI に考えさせるのか”というものです。

これはとても大きな違いなのです。「機械学習」「ディープラーニング」という仕組みを使えば、AI は自分でルールを考え出し、そのルールに沿《そ》って問題の答えを出してくれるので、いろいろな分野で実用化への期待が高まっているのです。

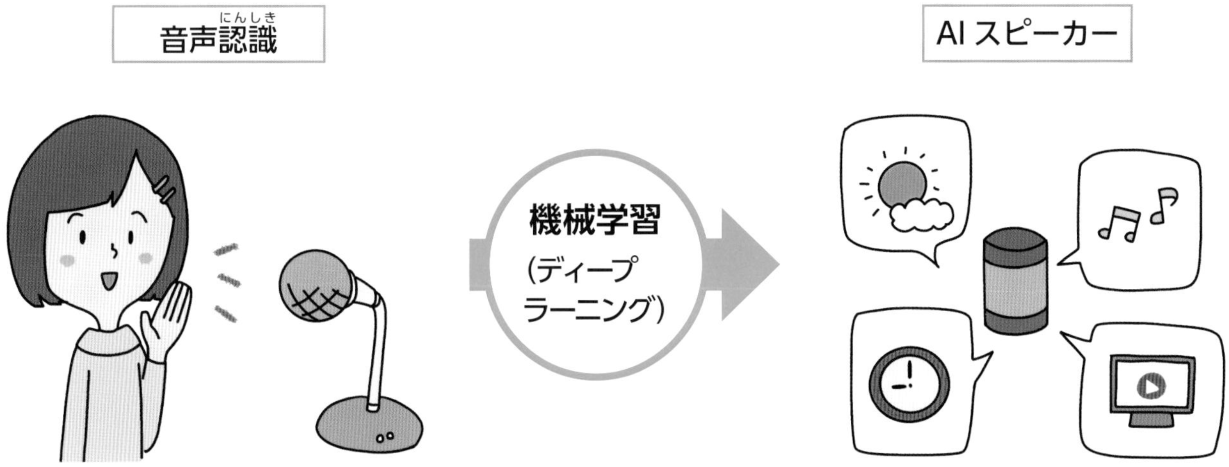

4 今日のAI《エーアイ》に関する心配ごと

シンギュラリティで、人類はAI《エーアイ》に支配《しはい》される!?

シンギュラリティという言葉を知っていますか？ 日本語に訳《やく》すと「特異点《とくいてん》」となります。もともとは、「技術的《ぎじゅつてき》特異点（Technological Singularity）という言葉で使われていました

シンギュラリティは、アメリカの未来学者であるレイモンド・カーツワイルが使い始めた言葉です。

カーツワイルは、「AI《エーアイ》の能力《のうりょく》がどんどん高まっていくと、やがてAI自身がより高度な能力を備《そな》えたAIを作り出す（「自己再生《じこさいせい》産《さん》」などといわれます）ようになり、やがては人間よりもはるかに優《すぐ》れた知能をもつようになる」と考えました。

その『AIが人間よりも優れた知能をもつ』ようになる時期が、シンギュラリティ（技術的特異点）だと唱えたのです。

カーツワイルは、シンギュラリティが訪《おとず》れるのは、2045年だとする説を唱えています。

このシンギュラリティについては、AIを研究する科学者だけでなく、その他の分野の科学者なども巻《ま》きこんで、世界的に大きな議《ぎ》論《ろん》を巻き起こしました。

議論の中心テーマは、もちろん、「シンギュラリティは本当に起こるのか、起こらないのか」ということです。

シンギュラリティは起こる、といっている人たちは、「そんなことになったら、人類はAIに支配《しはい》されてしまう」と心配しています。

しかし一方で、多くのAI研究者は、人間が作り出したAIというコンピューターのプログラムが、人間の知能を超《こ》えることなどあり得ないとして、「シンギュラリティは起こらない」といっています。

では、実際《じっさい》のところ、どうなのでしょうか。AIはとても高度に進化していることは確《たし》かです。しかし、この本の中でも触《ふ》れている通り、AIはコンピューターのプログラムに過《す》ぎません。人間の作ったプログラムに沿《そ》って動くAIが、プログラムの内容《ないよう》を超えて、人間を支配することなど、現在《げんざい》のAI技術《ぎじゅつ》では少々考えにくいのではないかと思われます。

AI《エーアイ》に仕事が奪《うば》われて、人間は仕事がなくなる!?

シンギュラリティの話題と同様に、AI《エーアイ》に関心をもった人たちが注目しているのが、「AIのほうが人間よりも、速く・正確《せいかく》に仕事をこなせるようになったら、人間は仕事がなくなってしまうのでないか」ということです。

確《たし》かに、人間が担当《たんとう》するよりも、AIに担当させたほうが効率《こうりつ》のよい仕事はあります。しかし、すべての仕事がAIに任《まか》せられるとかというと、それは難《むずか》しいことかもしれません。

近年でも、オートメーション化といって、工場で人間がやっていた作業を機械がやれるようになっています。

工場などでオートメーションが使われるようになった時も、“自分の仕事がなくなる”と心配する人はいました。しかし、すべての仕事が機械に任せられるわけではなく、人間にしかできない仕事というものがあって、そうした仕事はずっと残り、あらゆる仕事がなくなってしまうという事態《じたい》にはなりませんでした。

たとえば、コンビニエンスストアで買い物をする時、店員がレジで商品ごとの金額《きんがく》を打ちこんで合計額を出し、お客からお金を受け取り、必要ならお釣《つ》りを渡《わた》すという仕事は、店員がいなくてもできます。お客自身が商品のバーコードをレジに読み取らせると、レジが合計額を計算してくれて、お金を投入口に入れれば、お釣りも自動的に出てくるという仕組み自体はすでに実用化されています。「セルフレジ」などといわれます。最近では、AIを使うことで、レジそのものがなくても、お店で買い物ができるという仕組みも開発されています。AmazonGO（アマゾンゴー）という仕組みがまさにそれです。

しかし、あくまでも“人間がやらなくてもよい仕事もある”ということで、すべての仕事がAIに置《お》き換《か》わるというものでは決してありません。コンビニエンスストアの店員の仕事がレジでのお会計だけなら、「セルフレジ」を利用することで、店員はいなくてもいいということになりますが、店員の仕事はお会計だけではありません。商品を並《なら》べたり、お客が目的の商品を探《さが》している時に、その場所を教えてあげたり、レジの仕事以外のたくさんの仕事があります。ですから、「セルフレジ」を利用しても、店員がいらないということにはならないのです。

AIは人間の仕事を奪《うば》う存在《そんざい》ではなく、AIと人間がそれぞれの得意な仕事を分担することで、もっと働きやすい環境《かんきょう》を作ってくれる存在なのだと考えるべきでしょう。

コラム

コンピューター発展《はってん》の歴史

コンピューターの原型は、電気を使わない機械式！？

コンピューターとは、そもそも「計算機」のことです。コンピューターは、英語ではcomputerと書きますが、computeとは、「計算する」という意味をもっています。

さて、今でこそ、コンピューターは電気で作動しますが、その原型ともいうべきものは、電気を使わない機械式のもので、歯車などを部品として作られていました。

もっとも古い機械式のコンピューターは、1623年に発明されたといわれています。

日本で最初のコンピューター？

機械式の計算機を日本ではじめて完成させたのは、発明家であった矢《や》頭《ず》良一《りょういち》でした。1903年に特許《とっきょ》を取得し、機械式卓上《たくじょう》計算機を製造《せいぞう》しました。「自働算盤《そろばん》」と呼《よ》んだそうです。当時、250台以上売れたそうです。

世界初の電子コンピューター

一般《いっぱん》に、世界最初のコンピューターといわれるのは、1946 年にアメリカで開発された ENIAC（エニアック）だとされています。電気で動く電子式でした。

大きさが、幅《はば》 30 メートル・高さ 2.4 メートル・奥行《おくゆ》き 0.9 メートルもあり、重さは 27 トンという巨大《きょだい》なものでした。

このコンピューターは、1949 年に、円周《えんしゅう》率《りつ》 2037 桁《けた》を約 70 時間で計算することができました。

パソコンの始まり

今では、学校でも家庭でも、もちろん企業《きぎょう》でも、当たり前に使っているパソコンですが、世界最初のパソコンは、アメリカの IBM《アイビーエム》 社が開発・販売《はんばい》したもので、1970 年頃《ころ》のことです。もともとのコンピューターは、ENIAC のように大きなものでしたが、どんどん小型化が進み、机《つくえ》の上に置けるほどコンパクトになっていきました。机の上にのるほど小型化できたことで、“個人《こじん》でも使える” コンピューターという意味で、パソコン（パーソナルコンピューター）という名前が使われるようになりました。IBM のパソコンは、その当時、デスクトップコンピューターとも呼《よ》ばれていました。「机の上のコンピューター」という意味になります。

しかし、IBM のデスクトップコンピューターはとても高価だったので、購入《こうにゅう》して使える人は少なかったようです。

その後、スティーブ・ジョブズがアップルコンピューターという企業を作って、Apple I（アップル・ワン）というパソコンの製《せい》造《ぞう》・販売を始めました。1976 年のことです。この時の Apple I は、それほど売れませんでしたが、その翌年《よくねん》（1977 年）に発売した Apple II（アップル・ツー）が大人気となり、パーソナルコンピューターが世界中に広がっていくようになったのです。

コラム

パソコンの性能《せいのう》向上とAI《エーアイ》の関係

世界初の電子コンピューター ENIAC（エニアック）が登場したのが 1946 年のことです。そして、AI《エーアイ》（Artificial Intelligence= 人工知能《ちのう》）という言葉が登場したのが 1956 年でした。

コンピューターが実用化されるようになって、わずか 10 年ほどで AI が注目される第 1 次 AI ブームが起こったのです。

当時は、コンピューターの性能《せいのう》そのものが、今ほど高度ではなかったので、AI の研究も大変だったに違《ちが》いありません。

しかし、その後は、パソコンという小型で高性能のコンピューターが開発され、その性能も驚《おどろ》くほどのスピードで進化していきました。そうしたコンピューターの性能向上と、AI 研究の発展《はってん》は、密接《みっせつ》に関係しているといえるでしょう。

さらに、インターネットという仕組みが世界中に広がったことで、AI 研究のスピードはさらに速くなりました。

そもそも AI は、コンピューターのプログラムなので、コンピューターの進化に合わせて発展していくことは当たり前ではあるのですが、この先、さらにコンピューターの性能がレベルアップすれば、今は完成していない「ホンモノの AI」が完成できるかもしれません。もっとも、コンピューターの性能だけで、AI が発展するわけではありませんが。

1623 年

機械式計算機

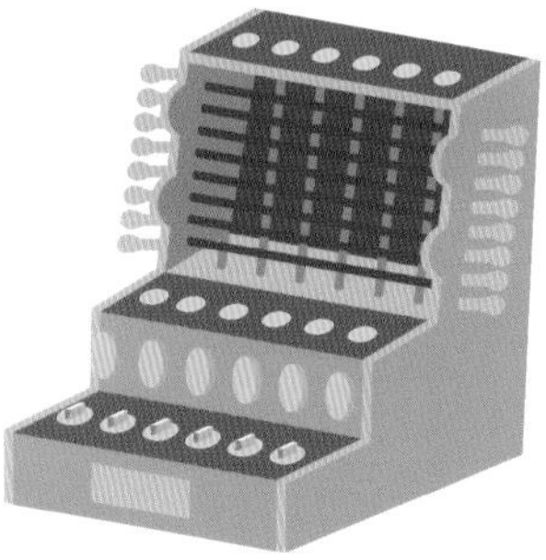

1903 年

日本で最初の機械式計算機

1946 年

世界で最初の電子コンピューター「ENIAC」

1970 年代

I BM《アイビーエム》社が、デスクトップコンピューターを発売

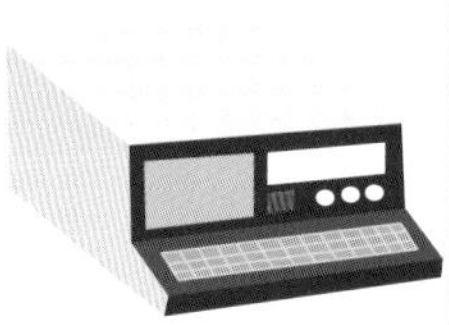

アップル社が、AppleⅡ（アップル・ツー）を発売

1990 年代

インターネットが世界に広がる

第3章

AI《エーアイ》実現《じつげん》のための技術《ぎじゅつ》

1 推論《すいろん》・探索《たんさく》

推論《すいろん》とは何か

推論《すいろん》というのは、すでにわかっている事柄《ことがら》をもとにして、まだわかっていない事柄について、「たぶん、こうだろう」と推理することです。

たとえば、すでにわかっている事柄が次のものだとします。

●わかっている事柄 1

気温が25度を超《こ》えると、アイスクリームがたくさん売れる

●わかっている事柄 2

今日、気温が28度になった（25度を超えた）

この2つの、すでにわかっている事柄に基《もと》づいて推論すると、次のようになります。

➡推論による答え

今日は、アイスクリームがたくさん売れる（だろう）

推論では、わかっている事柄が多ければ多いほど、より正確《せいかく》な答えを出すことができるようになります。

たとえば、気温が 31 度になった日に、アイスクリームがまったく売れなくなったとします。

この時、わかっている事柄が、事柄 1（気温が 25 度を超えるとアイスクリームが売れる）に加えて、「気温が 31 度になった」という事柄だけだとすると、推論の答えは「アイスクリームがたくさん売れる」になってしまいます。

ところが、実際《じっさい》には気温が 30 度を超えると、アイスクリームは売れなくなって、代わりにかき氷がたくさん売れるようになる、という事柄があったとするとどうでしょう。

●わかっている事柄 1

気温が25度を超えると、アイスクリームがたくさん売れる

●わかっている事柄 2

気温が30度を超えると、アイスクリームは売れなくなり、代わりにかき氷がたくさん売れる

●わかっている事柄 3

今日、気温が31度になった（30度を超えた）

➡推論による答え

アイスクリームは売れずに、かき氷がたくさん売れる（だろう）

となります。

このように、すでにわかっているたくさんの事柄をつなぎ合わせて、まだわかっていない事柄を推理するのが「推論」です。

この考え方で、たとえばゲームのルールなどを詳《くわ》しくプログラムに取り入れることで、ゲームに強い AI《エーアイ》 を作ることも可能《かのう》になります。

探索《たんさく》とは何か

探索《たんさく》とは、簡単《かんたん》にいえば「道筋《みちすじ》を探《さが》す」ことです。ここでいう道筋とは、ある問題に対して、答えにたどり着くまでの道筋のことです。

たとえば、与《あた》えられた問題が「学校を出発して、家にたどり着くまでの道順はどれか」だったとします。

この時、学校から家までの道は、途中《とちゅう》にいくつもの分かれ道があり、道によっては道路工事中で通れなかったり、行き止まりになっている道があったりします。そうした中で、きちんと家にたどり着くまでの道順を探し出すのが「探索」です。

探索では、答えにたどり着くまでの道順を段階《だんかい》に分けて整理します。

第１段階は、学校の正門前の分かれ道です。選べる道が３つあるので、それぞれをＡ、Ｂ、Ｃとします。それぞれの道の先には、さらに分かれ道があります。ここが第２段階となります。さらに、それぞれの道の先にも、また分かれ道があります。これらの分かれ道が第３段階となります。

この段階分けを家にたどり着くまで繰《く》り返《かえ》していくと、最終的には学校から家までの道順がわかります。そして、それが答えとなるのです。

たとえば、この例の場合、第１段階で３通りの道があり、Ａを進むと第２段階でも、それぞれ３通りの道があり、Ｆを進むとその先の第３段階でも２通りの道があるので、道順①の組み合わせとしては、3×3×2 で、18 通りの道順があることになります。

簡単な言い方をしてしまうと、AI《エーアイ》は、この 18 通りの道順をすべて試してみた上で、求められている答え（家にたどり着く道順）が、道順❶であることを発見するのです。

この事例問題では、分かれ道がそれほど多くないので、人間がひとつひとつ試してみても、それほど時間をかけずに答えにたどり着くことができます。しかし、この分かれ道が３段階ではなく、10 も 20 もあったなら、ひとつひとつ試していたら、たいへんな時間がかかってしまいますが、AI ならわずかの時間で答えにたどり着くことができるのです。

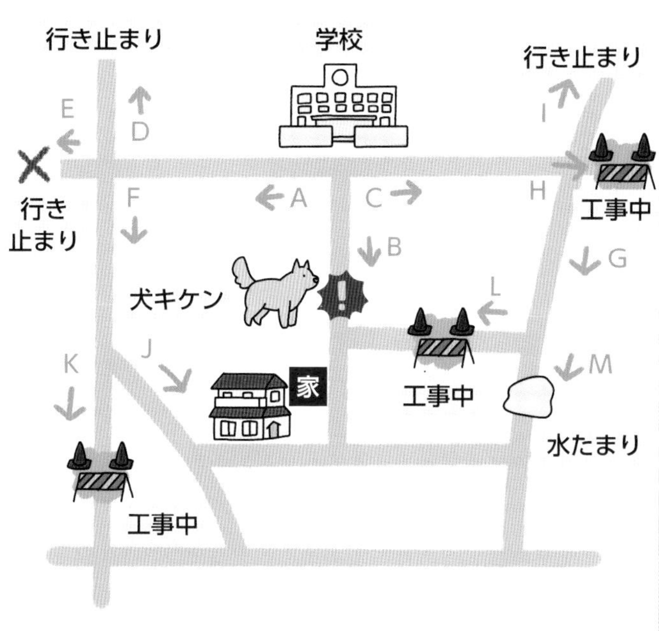

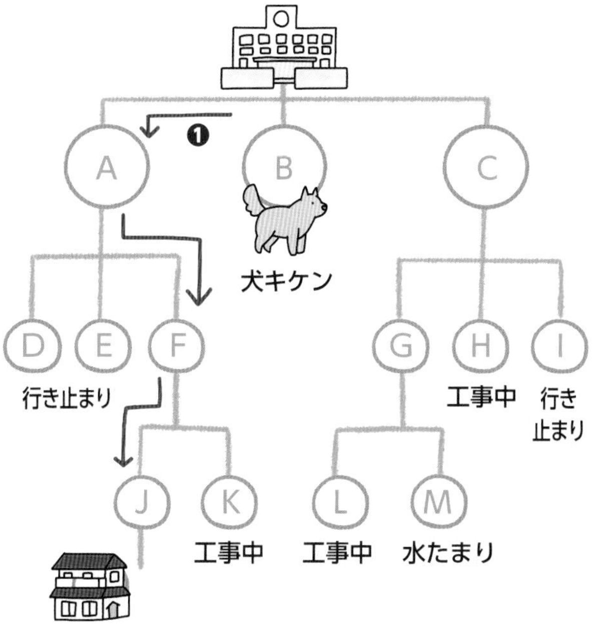

2 エキスパートシステム

エキスパートシステムの考え方

エキスパートシステムとは、専門家《せんもんか》のもつ知識《ちしき》をAI《エーアイ》に覚えさせるとととともに、ある事《こと》柄《がら》について、その専門家がどう判断《はんだん》するかをルールとしてプログラムし、専門家と同じように答えを見つけられるようにプログラムされたAIです。

人間のもつ「知識」を最大限《さいだいげん》に活用しようという目的で考え出されたAIです。

エキスパートシステムは、どんな専門分野を扱《あつか》うのかによって、種類が分かれます。医《い》師《し》のもつ専門知識や診断《しんだん》のやり方などをルール化して、医師の代わりに患者《かんじゃ》を診断するエキスパートシステムや、企業《きぎょう》の会計処理《しょり》に関するエキスパートシステム、金融《きんゆう》サービスに関するエキスパートシステムなどがあります。

伝染病《でんせんびょう》を見つけて、薬を選ぶエキスパートシステム

1970年代にアメリカのスタンフォード大学で開発された「MYCIN（マイシン）」というエキスパートシステムを例にして、具体的にみていきましょう。

MYCINは、伝染病《でんせんびょう》の患者《かんじゃ》を診断《しんだん》して、どんな伝染病なのかを明らかにし、さらに、その患者に使うべき薬を選び出すというAIです。

人間の医師《いし》が伝染病患者を診断する時に、どのような質問《しつもん》をするのか、その質問に対する患者の答えによって何をどう判断《はんだん》するのか、といったルールを500個《こ》ほどAIに覚えさせます。患者に対して、実際《じっさい》に質問を投げかけ、その答えの組み合わせによって、「この患者の伝染病は××だ」と答えを出すのです。また、MYCINでは、伝染病がわかったら、

MYCINによる診断例

医師《いし》が診察《しんさつ》して、患者《かんじゃ》の様子を確認《かくにん》する

診察の結果に基《もと》づいて、一問一答形式で、医師がMYCINの500項目《こうもく》の質問《しつもん》に答える

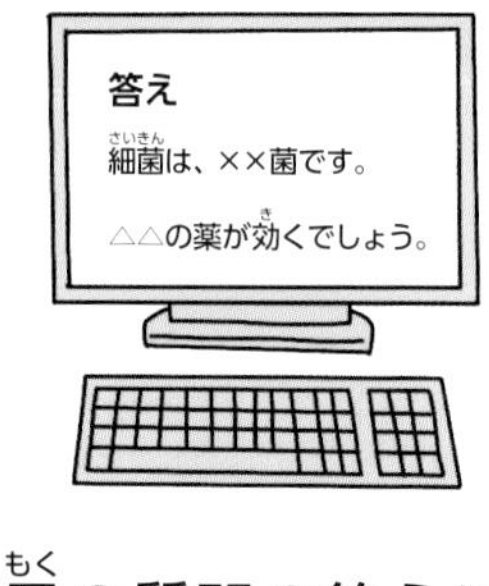

500項目《こうもく》の質問の答えによって、MYCINがどんな伝染病《でんせんびょう》かを判定《はんてい》し、どんな薬がよいかを教えてくれる

患者の体重などのデータに基《もと》づいて、どんな薬をどのくらいの量使えばいいのかについても、答えを出せるようにプログラムされていました。

MYCIN《マイシン》の性能《せいのう》

結果として、MYCIN《マイシン》は十分な成果を上げました。スタンフォード大学医学部の調査《ちょうさ》によると、MYCIN の診断《しんだん》結果は 70% 近い正しさでした。これは、伝染病《でんせんびょう》の専門医《せんもんい》が診断した時の正しさ 80% よりは低い値《あたい》でしたが、伝染病を専門としない医師《いし》の診断の正しさよりは高い値だったのです。

AI《エーアイ》を実用化する時の問題点

MYCIN《マイシン》は、性能《せいのう》としては実用化されてもおかしくないレベルを実現《じつげん》していました。しかし医療《いりょう》現場で実際《じっさい》の診断《しんだん》に使われることはなかったようです。

これは AI《エーアイ》そのものの問題ではなく、人間の命にかかわる大切な診断を、たとえ性能が優《すぐ》れているといっても、機械に任《まか》せていいのか、という議論《ぎろん》が起きたためだといわれています。

こうした問題は、AI のような最新の科学技術《ぎじゅつ》を利用しようという時に起きることがあります。

2019 年 8 月に国連の会合で、「自律型致《じりつがたち》死《し》兵器システム（人間がまったくかかわらずに、人工知能の判断《はんだん》だけで人を殺すロボット兵器）を認《みと》めない」ということが決められました。人工知能任せで、人の命にかかわる判断をしてはいけないということです。

AI は人間を助けてくれる優れた仕組みですが、間違《まちが》った使い方をしてはいけないのだということも、きちんと考えることが大切です。

パイロットがいない無人航空機《むじんこうくうき》

3 機械学習

ここからは、第３次AI《エーアイ》ブームで注目されている「機械学習」と「ディープラーニング」について、どんなものなのかを確認《かくにん》していくことにします。どちらの技術《ぎじゅつ》も、今日のAI開発において、とても重要なものなので、第２巻《かん》ではより詳《くわ》しく説明することにします。ここでは、それぞれの全体像《ぜんたいぞう》だけをしっかりと理解《りかい》しておいてください。

機械が学習するって、どういうこと!?

機械学習というのは、文字通り、「機械（AI《エーアイ》）に、学習させる」ことです。わたしたちが、学校の授業《じゅぎょう》で、先生からいろいろなことを教えてもらい、知識《ちしき》や、ある問題の解《と》き方《かた》を学習するのと同じです。

ただ、AIが学習するのは、知識そのものというよりも、物事の特徴《とくちょう》や、一定のパターンを見つけ出したりすることが、学習するということになります。

たとえば、たくさんの犬と猫《ねこ》の写真を入力して、「犬と猫の違《ちが》いを学習」させておいてから、まだAIが学習していない、新しい写真をAIに見せると、「これは犬（猫）です」と、AIが自動的に判断《はんだん》することができるようになります。

これは、AI自身が、事前にたくさんの犬と猫の写真を見て、犬にあって猫にない（また逆《ぎゃく》に「猫にあって犬にない」）特徴を見つけ出して、その特徴を新しい写真に当てはめてみて、「新しい写真に写っている動物は、犬（猫）です」と判断しているからです。

AI《エーアイ》の判断《はんだん》では、正解《せいかい》らしさを確率《かくりつ》で表すこともある

さて、機械学習の技術《ぎじゅつ》を使うことで、ある写真を見て「犬です」と判断《はんだん》することができるといいました。

しかし、より正確にいえば、AI《エーアイ》自体は「犬（猫）です」と答えるわけではありません。

AIは、「この写真に写っている動物は、犬である確率《かくりつ》が60%で、猫である確率が40%です」といった答えの出し方をします。

たとえば、犬と猫を区別できるAIを搭載《とうさい》したロボットがあったとします。このロボットは、犬か猫の写真を見せて、「この動物は何？」と話しかけると、「これは犬です」と音声で答えてくれます。

この時、ロボットの中に搭載されている「犬・猫見分けAI」（仮《かり》に、こんな名前にしてみました）は、見せられた写真を細かく分析《ぶんせき》して、「犬・猫見分けAI」自体がもっている、これまでの犬や猫の写真と比較《ひかく》したり、その写真によって発見した特徴《とくちょう》と見比《みくら》べたりして、犬の特徴が60%、猫の特徴が40%というように、犬である可能性《かのうせい》と猫である可能性を、それぞれ確率ではじき出すのです。

そして、ロボットを動かすプログラムとして、「確率が51%以上ある動物の名前を答える」というものがあり、そのプログラムに

沿《そ》って、「これは犬（猫）です」と答えているのです。

機械学習にもいろいろな種類がある

機械学習の方法は、とてもたくさんあります。機械学習とともに、第３次AI《エーアイ》ブームの主役となっているディープラーニングも、実は機械学習のひとつの種類なのです。機械学習の代表的なものとしては、「教師《きょうし》あり学習」や「教師なし学習」、そして「強化学習」などがありますが、それら以外にもたくさんあります。

そして、機械学習ごとに得意・不得意があったり、比較的《ひかくてき》いろいろなことに応用《おうよう》できる機械学習があったりします。

答えの出し方も、これまでに入力された情《じょう》報《ほう》のどれとどれだけ近いか（似《に》ているか）を答えにするものや、どのデータグループの仲間なのかを答えにするもの、そして、どれが正解《せいかい》かをそれぞれの確率《かくりつ》として答えにするものなどいろいろです。

ここでは、機械学習がどういうもので、それによってAIが、何をどう判断《はんだん》しているのかということだけ理解できれば十分です。

AI《エーアイ》（人工知能《ちのう》）

人間と同じように知的なことができるコンピュータプログラム

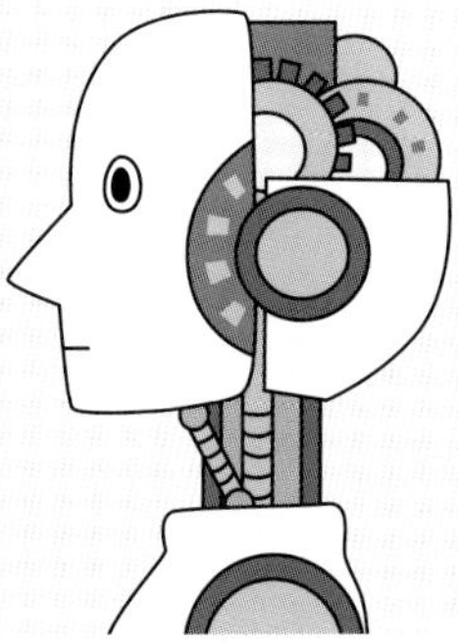

機械学習

AIを実現《じつげん》するためのプログラムの考え方

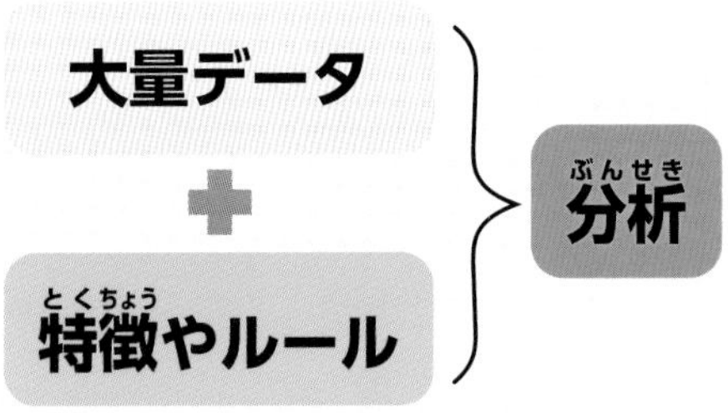

ディープラーニング

人間の脳《のう》の仕組みを参考にした機械学習の中のひとつの種類

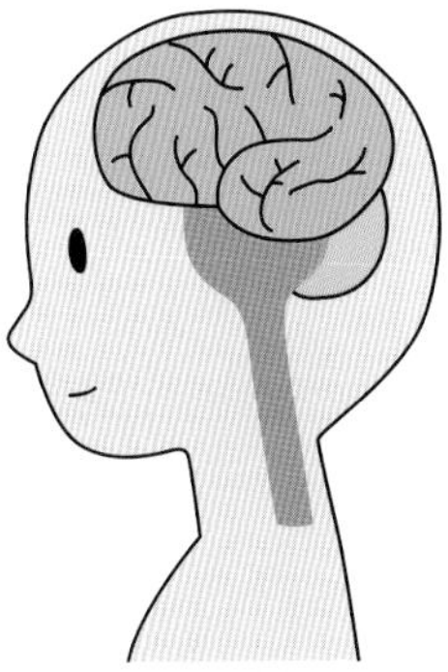

4 ディープラーニング

ディープラーニングも機械学習のひとつの種類ですが、人間の脳《のう》の仕組みを参考にして、入力されたデータに対して、なんらかの判断《はんだん》を実行するというものです。

そもそもAI《エーアイ》が目指しているのは、「人間のような知能《ちのう》」ですから、その意味でいえば、“人間の脳の仕組みをまねている”という点で、ホンモノのAIに近い仕組みだといえるかもしれません。

このディープラーニングがまねをしている人間の脳の仕組みが、ニューラルネットワークというものです。

ニューラルネットワークは、人間の脳が物事を判断したり理解したりする働きをコンピューターのプログラムに応用《おうよう》するための考え方なのです。

そのため、ニューラルネットワークを理解するためには、そもそも「人間の脳」の働きについて、ある程度《ていど》理解する必要があります。

とてもややこしいのですが、人間の脳がどんな働きによって物事をとらえているのかを理解することで、ニューラルネットワークが理解できます。そして、ニューラルネットワークを理解できると、ディープラーニングのことを理解できるようになります。これらについては、第２巻《かん》で詳《くわ》しく説明しますので、ここでは、ディープラーニングの基本的《きほんてき》なことだけ見ていくことにします。

ディープラーニングは、どんなもの？

ディープラーニングとは、入力された情報《じょうほう》（データ）を読《よ》みこんで、そのデータの特徴《とくちょう》などをいくつも発見し、その特徴をルール化することで、新しく入力された情報（データ）について、ルールを当てはめて、正しい答えを出力するという機械学習の中のひとつの技《ぎ》術《じゅつ》です。

ディープラーニングが、そのほかの機械学習と大きく異《こと》なる点は、特徴をルール化する時に、それを何段階《なんだんかい》にも分けて、段階ごとに、順番に、ルールに合っているかどうかをチェックして、最終的な答えを出すというところです。

特徴を何段階にも分けてチェックするといいましたが、この段階のことを「層《そう》」と呼《よ》び、「層」の数が５～100ととてもたくさんある（深い）ので、ディープ（deep=深い）ラーニング（学習）と呼ぶのです（日本語では「深層学習」と言います）。

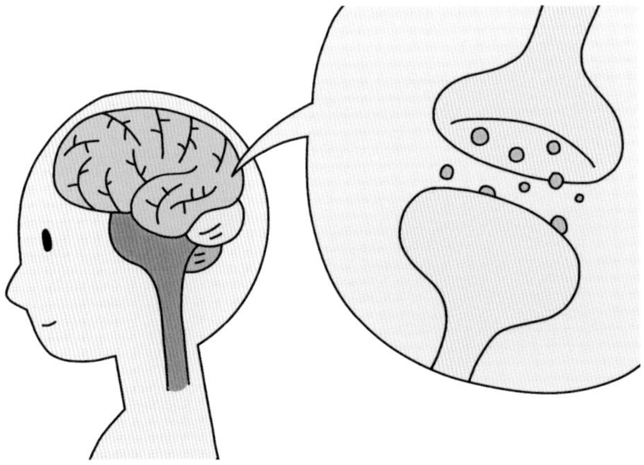

ディープラーニングは、特徴《とくちょう》ごとの重要性《じゅうようせい》を調整する

ディープラーニングの基礎であるニューラルネットワークがすごい点は、ある物事を判《はん》断《だん》する時に注目すべき特徴《とくちょう》をルール化するだけでなく、それぞれの特徴について、“より重要なのはどれで、あまり重要でないのはどれか”ということを、自ら調整し、正解《せいかい》できる確率《かくりつ》を上げていくところにあります。

特徴ごとに、どれが重要か、あまり重要ではないか、を決めていくことを「重みづけ」と呼《よ》びます。

たとえば、犬と猫《ねこ》を区別する時に注目すべき特徴が、「耳」「目」「鼻」であったとします。

ディープラーニングでは、まず第１層で「耳」をチェックし、その結果を受けて第２層で「目」をチェックします。そして、その結果を受け取った第３層が「鼻」をチェックして、その結果として最終的に「これは犬だ」（正確《せいかく》には、犬である確率が 80％ というように）答えを出すのです。

たとえば、ひと通りの学習を終えた後に、３層すべての重みづけをいったん決定します。もし目の形よりも、耳の形で区別したほうがより正確に犬と猫を見分けられるということであれば、「耳」の重みづけを「目」よりも重くするのです。

こうして、すべての層の重みづけが決定すると、「犬・猫見分け AI《エーアイ》」が、実際《じっさい》に使える状態《じょうたい》になります。

そこで、新しい写真を「犬・猫見分け AI」に入力して、判断させます。「犬・猫見分け AI」は「これは猫です」（しつこいようですが、正確には「猫である確率が 80％ です」と答えています）と判断しました。ところが、この写真は犬でした。

そこで、人間が「これは犬だよ」と「犬・猫見分け AI」に教えます。そうすると、「犬・猫見分け AI」は、この写真を犬と判断するためには、どこを見直せばいいのかを考え、この写真を犬と判断できるように、ルールを調整するのです。

たとえば、第３層で「鼻」をチェックすることが重要だと考えて、その部分をより重《じゅう》視《し》するように重みづけを変え、間違《まちが》った写真を正しく判断できるようにします。これが「学習」したということです。

さらに、また別の新しい写真を見て「これは犬（猫）です」と判断した後で、もしそれが間違いであれば、さらに各層の重みづけを見直します。

こうした学習を繰《く》り返《かえ》すことで、「犬・猫見分け AI」は、どんどん正確性《せいかくせい》が高まっていくのです。

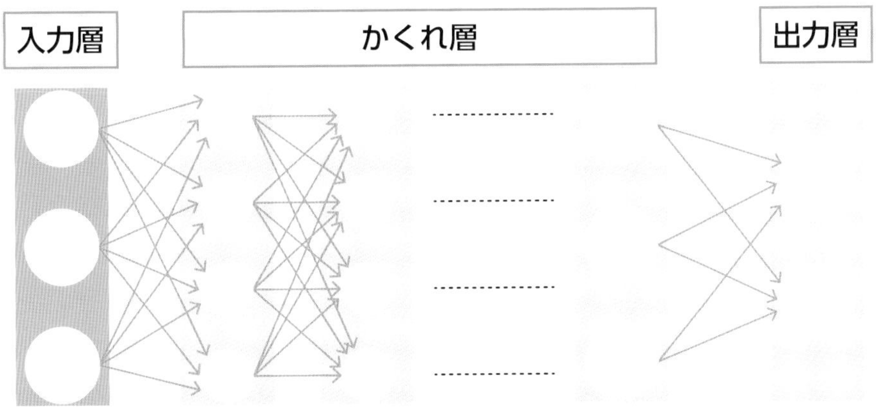

かくれ層《そう》を何層にも重ねることで、ここが深くなるから、ディープラーニングという。かくれ層ひとつひとつで、特《とく》徴《ちょう》をチェックする。そのため、その層が深ければ、結果（出力）の正確《せいかく》さも高まる。

コラム

AlphaGo（アルファ碁《ゴ》）の実力

人間に勝ったという事実

2015 年 10 月、グーグル・ディープマインド社が開発した囲碁《いご》プログラム「AlphaGo」シリーズが、ヨーロッパの囲碁大会でも優勝《ゆうしょう》したことのあるプロ棋士《きし》を 5 勝 0 負で打ち負かし、人々を驚《おどろ》かせました。

AlphaGo は、日本語では「アルファ碁」とも訳《やく》されますが、その名の通り、囲碁をやるためだけに開発された AI《エーアイ》 です。

AI の歴史の中でも説明した通り、囲碁や将棋《しょうぎ》、チェスやオセロといったボードゲームに関する AI の開発は、第 1 次 AI ブームの頃《ころ》から行われていました。

ボードゲームの中でも、特に難《むずか》しいのが囲碁《いご》

数あるボードゲームの中でも、囲碁《いご》は、AI《エーアイ》 が人間に勝てるレベルまで機能《きのう》を高めるのがもっとも難《むずか》しいゲームだといわれていました。

どうして囲碁がもっとも難しいのかというと、それは打つ手の数が、ほかのボードゲームに比《くら》べて圧倒的《あっとうてき》に多いからです。

たとえば将棋《しょうぎ》の場合、将棋盤《しょうぎばん》はタテ 9 マス・ヨコ 9 マスの 81 マスの中で、駒《こま》ごとに決められた動きだけを使って打ち手を決めます。最初の段階《だんかい》で規《き》則的《そくてき》に駒がならべられていることもあり、動かすことのできる駒と、動かせる場所（駒を移動《いどう》できるマス）はある程度《ていど》限《かぎ》られています。そのため、1 回の打ち手の数は 80 通り程度といわれています。

これに対して、囲碁の盤はタテ 19 本・ヨコ 19 本の線が引かれていて、碁石を置《お》ける場所は、それらの線が交わる点の上です。囲碁では、将棋の

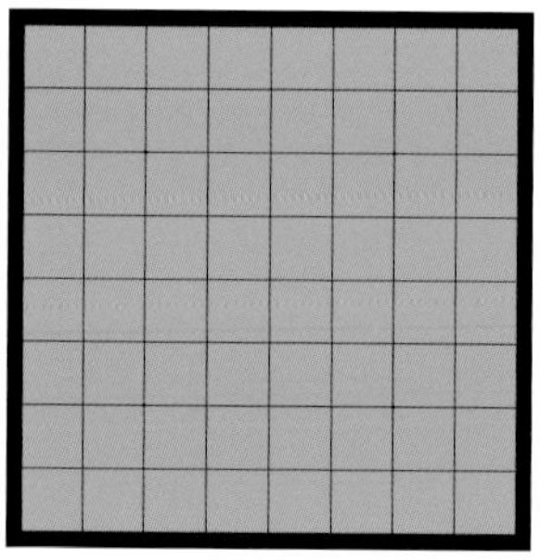

オセロ盤

8 × 8 の64マス

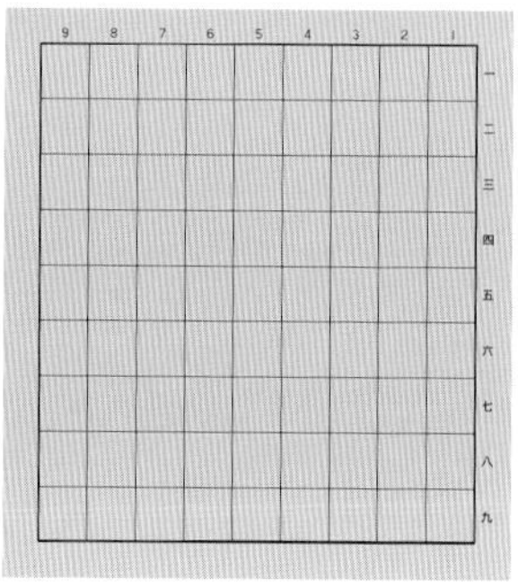

将棋盤

9 × 9 の81マス

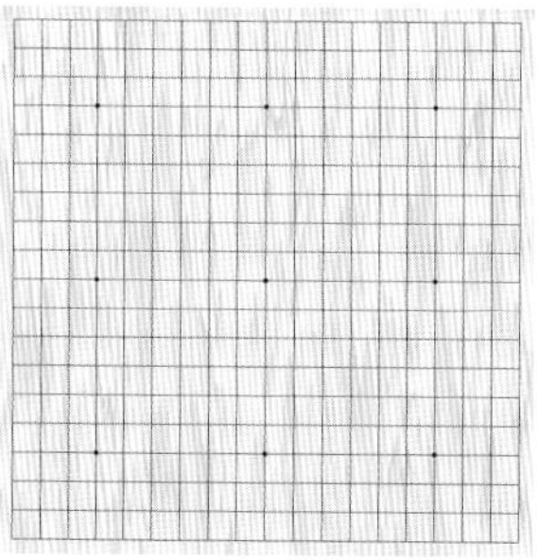

囲碁盤

19×19の361交点

ように最初にいくつもの駒（囲碁の場合は碁石）が置かれているわけではなく、まったく碁石のない状態《じょうたい》からスタートします。ですから、最初の一手は 19×19 で 361 通りもあるのです。

将棋は毎回 80 通りですから、たとえば 5 手先までの打ち手の数を計算すると、80×80×80×80×80 で、32 億 7 千万以上の組み合わせとなります。将棋の AI は、これだけの数の組み合わせの中から、もっとも勝てる打ち手を探《さが》し出《だ》すのです。とてもすごいことです（でも、人間のプロの将棋棋士は 100 手先、1000 手先まで読むといわれているので、AI よりすごいかもしれませんね）。

さて、囲碁の場合は、打ち手の組み合わせはもっと大量です。最初の一手は 361 通りです。他の碁石があるところには次の碁石を置けないので、二手目は、360 通りとなります。そして三手目は 359 通りで、四手が 358 通り、五手目が 357 通りです。ですから、五手までの組み合わせは、361×360×359×358×357 で、計算上は 5 兆通りをはるかに超《こ》えてしまいます。五手まででこの数です。実際《じっさい》の勝負では何百手も打つのですから、さすがの AI といえども、全部試してみて答えを出すのは不可能《ふかのう》です。ですから、「AI が人間に勝つのは難しい」ということがわかると思います。

AlphaGo（アルファ碁《ゴ》）はディープラーニングで強くなったのか!?

そんな難《むずか》しい囲碁《いご》で、AlphaGo（アルファ碁《ゴ》）が人間に勝ったということが、どれだけすごいことなのかおわかりいただけたことでしょう。

では、どうして AlphaGo は、人間に勝つことができたのでしょう。

その理由がディープラーニングを活用したことにあるのです。

AlphaGo は、過去《かこ》に行われたプロ棋士《きし》同士の囲碁の試合の大量の打ち手を、ディープラーニングによって学習したのです。その学習によって、相手が、ある位置に石を置いた時、自分がどこに石をおけば勝てる確率《かくりつ》が上がるのかを計算できるようになったのです。

実は、AlphaGo でディープラーニングが使われている部分は、ほんの一部です。しかし、AlphaGo がプロ棋士を負かすほど強くなったひとつの原因は、ディープラーニングが活用されたことが影響《えいきょう》しているものと考えられているのです。

さくいん

アルファベット

あ

か

さ

た

な

は

ま

や

ら

わ

●監修

山田 誠二（やまだ せいじ）

1989年大阪大学大学院博士課程を修了後、同大学助手、講師、東京工業大学助教授を経て、2002年より国立情報学研究所教授、総合研究大学院大学教授、東京工業大学特定教授。2016年から2018年まで、一般社団法人人工知能学会会長を務めた（現在は顧問）。
専門はHAI（ヒューマンエージェントインタラクション）、人工知能、Webインテリジェンスで、現在はHAI、IIS知的インタラクティブシステムを中心に各種の研究プロジェクトを推進中。主な著書に『本当は、ずっと愚かで、はるかに使えるAI ―近未来人工知能ロードマップ』(日刊工業新聞社)、『マインドインタラクション― AI学者が考える《ココロ》のエージェント』（近代科学社）など多数。

●装丁
村口敬太（Linon）

●編集協力
図書印刷株式会社／有限会社オズプランニング

●本文デザイン・DTP・イラスト
HOPBOX

●写真提供
カバー・表紙 （右）Science Photo Library/ アフロ
（中）PIXTA
（左）Interfoto/ アフロ
本扉 PIXTA
26ページ iStock.com/Maxiphoto
32・34ページ 「機械式卓上計算機『自働算盤』」北九州市立文学館
33・34ページ Bettmann/ ゲッティイメージズ
39ページ ©Stocktrek Images/amanaimages

ISBN 978-4-7999-0352-0 NDC007 48p 293 × 215mm

AIとともに生きる未来
1 知ろう AIというプログラム

2020年2月 初版第1刷発行
監 修 山田 誠二
発行者 水谷 泰三
発行所 株式会社**文溪堂**
〒112-8635 東京都文京区大塚3-16-12
TEL 営業 （03）5976-1515 編集 （03）5976-1511
ホームページ http://www.bunkei.co.jp
印刷・製本 図書印刷株式会社

きみは、AI に使われる？
それとも、使う？

AI とともに生きる未来

（全４巻）

AI（人工知能）が発明され、これまで３回のブームがあり、今はまさにその３回目ですが、今回のブームは、過去の２回に比べて、実用化が進んでいて、社会的にもよく知られるようになっています。
本書では、この前提に立った上で、

・そもそも AI（人工知能）とは何か、
・今後、どのような発展を遂げていくのか、
・それによって、わたしたちの生活がどのように豊かになるのか、
など、AI の基礎的な内容を豊富なイラストや図版を使ってわかりやすく解説。

・現在の３回目の AI ブームを支える、機械学習、ディープラーニングといった AI のしくみの基礎も図版を使ってイメージできるようになっています。

・AI についてプラス面だけでなく、「シンギュラリティ」の問題や”AI によって人間の仕事が奪われる”可能性など、マイナス面もふくめ、総合的に解説。

・これから AI がますます発達する中で、AI という新しい「道具」をいかに使いこなしていくか…そのためには、どのような能力開発・スキル開発をめざすべきかについても言及しており、子どもたちの将来の職業選択の一助になる内容となっています。

監修：山田誠二

各巻構成

A ４変判
各 48 ページ
NDC007
（情報科学）

1　知ろう AI というプログラム
2　AI の進化　推論・探索からディープラーニングまで
3　AI の今　スマート家電・バーチャルアシスタントなど
4　これからの AI「シンギュラリティ」が来る？